cadet+

Les évadés du tiroir

Marleen Cappellemans

Illustrations
Laurent Audouin

Magnard Jeunesse

À Jacky et Manu, mes voisins de palier,
à Christine, un adorable papillon de nuit,
et à Steph, grand explorateur.

chapitre 1

Le tiroir

« **Et s'il y avait** d'autres mondes, d'autres univers ? Et si on n'était pas seuls dans la galaxie ?

— Et si tu ne manges pas, tu disparaîtras », gronde maman Madeleine toute affairée devant sa cuisinière. Habilement, elle se sert de trois de ses six pattes. Dans l'une, elle tient une poêle crasseuse, dans l'autre, un flacon d'une poudre verdâtre, et de la troisième elle fait virevolter une bouteille d'huile de moustiques.

Quelle maîtrise !

Madeleine, grosse et luisante, se retourne gracieusement en essuyant quelques-unes de ses mains sur son tablier à carreaux rouge et blanc.

« Ça ne te plaît pas, petit crasseux ? C'est pourtant du bien odorant et périmé, tout comme tu aimes ! »

Un petit rot s'échappe de sa bouche édentée.

« Décidément, je ne sais plus ce que je dois te préparer, soupire-t-elle. Après les délicieuses crottes de souris à la sauce blanche et les mouches grillées aux fines herbes, Dieu sait ce que je devrais encore inventer pour que tu prennes un peu de poids. »

Madeleine s'emporte en regardant son fils plutôt maigrichon qui joue d'une seule patte avec sa nourriture.

« Non mais, tu t'es déjà regardé, ma petite croûte infecte ? s'énerve Madeleine. On dirait une araignée rachitique. Vraiment, tu pourrais faire un effort, Gaspard… Et arrête de sortir tes ailes, saleté de mon cœur, tu sais très bien qu'un cafard, ça ne vole pas.

— Oui, maman », répond son rejeton en rentrant ses ailes soigneusement. Et si on n'était pas seuls dans l'univers ? reprend Gaspard d'un air rêveur.

— Et si tu arrêtais de poser des questions idiotes, mon amour d'infection ? Tu sais très bien que nos scientifiques n'ont jamais découvert d'autres mondes et qu'il n'y a jusqu'à ce jour aucune preuve d'autres formes de vie intelligente. Et ce n'est pas dans ma cuisine qu'ils trouveront ce genre de chose, ajoute-t-elle en ricanant. Allez, assez, viens vite m'embrasser, mon petit Gaga. Mais quelle est cette odeur infecte ? Gaspard, tu ne t'es pas brossé les mandibules, tout de même ?

— Euh, ben, je ne pensais pas faire de mal », répond Gaspard, gêné…

— Parfois, je me demande si tu es bien mon fils, soupire Madeleine en pétant sans discrétion. Un jour, si tu ne fais pas attention, tu finiras par te mettre du parfum derrière les antennes. Bon, tu y vas ? Il fait déjà bien noir, tu vas être en retard. J'ai mis un délicieux quatre-heures dans ton cartable, ajoute-t-elle en bavant. C'est une surprise. Et essaye de faire bonne impression à ta nouvelle école. »

Gaspard prend son cartable et se balade jusqu'au fond du tiroir familial. L'endroit est agréablement crasseux, il n'y a aucune fenêtre, l'eau est coupée et les planches sont bien moisies. Et, comble du luxe, il n'y a aucune ventilation. Ainsi, une bonne chaleur humide y règne toute l'année. Personne ne sort les poubelles et il n'y a pas de toilettes. Ils auraient pu tomber plus mal, finalement.

Le soir de leur arrivée, Gaspard et sa maman ont jeté leur lit dans le couloir. Depuis, ils dorment ensemble sur une paillasse de poussière et de poils de matou. C'est le gros chat roux, celui qu'ils entendent parfois miauler sur le palier, qui les perd par touffes.

En fait, Gaspard et sa maman Madeleine viennent tout juste d'emménager.

Après la mort accidentelle de papa Blatte, ils ne pouvaient vraiment plus se permettre de vivre dans les beaux quartiers du vide-ordures. Voilà pourquoi ils ont élu domicile dans un tiroir, un peu trop propret à leur goût.

Il faut dire que rien n'a été facile après l'accident de papa Blatte.

Pour Gaspard, sa disparition semble encore irréelle. Il n'arrive pas à s'imaginer qu'il ne sentira plus jamais l'odeur putride de son papa odorant adoré. Plus jamais il n'entourera de ses petites pattes ce corps bien collant en forme de cigare.

Papa Blatte est-il au paradis des cafards ? Et où cela se trouve-t-il, exactement ? Peut-être, justement, dans un autre monde ? Ah, parfois, ce n'est vraiment pas évident d'avoir le cafard et d'en être un.

chapitre 2

École des cancrelats n° 4

Gaspard traîne un peu les pattes, mais, une fois arrivé au fond du tiroir, il prend son élan et s'agrippe à la paroi. Il grimpe avec une vitesse affolante en utilisant les petites griffes dont sont ornés ses six pieds et qui, heureuse coïncidence, servent exactement à cela. Arrivé tout en haut, le jeune cafard se jette sans crainte dans le vide et atterrit quelques secondes plus tard pile devant un labyrinthe de tuyaux. Sans hésitation, il en choisit un de couleur jaune, se hisse dans l'ouverture et se laisse glisser sur un tapis mou, légèrement collant et de composition indéfinissable…

Faut-il tourner à gauche, ici ? Oui, c'est bien cela. Une faible lueur émane du fond du tunnel et une petite pancarte indique : École des cancrelats n° 4 – 1, rue des Coquerelles, Malmaison.

« Bon, il s'agit d'impressionner mes futurs copains tout de suite, se dit Gaspard en jetant son cartable dans un coin du préau. Encore un petit essai avec mes ailes toutes neuves, car ce n'est pas parce qu'elles ne nous permettent pas de voler qu'on ne peut pas planer. Comme ça, tout le monde pourra constater que je ne suis plus un de ces petits mouflets qui vont encore à la maternelle. »

Et il se laisse planer jusqu'à la file qui pullule devant la maîtresse, habillée d'une robe à pois.

« Eh ! Bonjour, je m'appelle Gaspard, c'est bien ici, la sixième ? »

Une jolie coquerelle jaunâtre se retourne et tend ses antennes.

« Gaspard ? Mmmhh, je vois. Qu'as-tu pour ton quatre-heures ?

— Eh bien, à vrai dire, je n'en sais rien, c'est une surprise », répond Gaspard, légèrement agacé par cette question un peu trop intime.

« Bon, ça va, suis-moi, je m'appelle Rose et je connais tout, ici. Et celle-là, dit-elle en désignant la maîtresse, c'est une malpropre, tu peux me croire ! »

La file s'avance et les cancrelats disparaissent dans une fissure en dessous d'un tas de détritus. La fissure devient une crevasse, la crevasse un trou et le trou une ouverture de dimension respectable.

« Asseyez-vous, s'élève la voix grinçante de la maîtresse, et n'oubliez jamais : avant de commencer la journée, on crache deux fois par terre au nom de la grande Blatte puante. Exécutez ! Ah ben, en voilà des silencieux ! Je sens qu'on va pas beaucoup s'amuser, soupire la maîtresse en se grattant le derrière. Pour les présentations, soyons brefs : je m'appelle mademoiselle Pissenlit, mais vous pouvez oublier ce prénom tout de suite. Pour vous, les morveux, c'est MADEMOISELLE. Compris ? Bon, voyons vos petits noms à vous. »

De sa poche, mademoiselle Pissenlit tire un vieux mouchoir en papier sur lequel sont inscrits quelques noms.

« Les A d'abord : Anaïs !

— Présente, Mademoiselle, dit un petit cafard au premier rang.

— Gaspard !

— Présent ! » s'empresse de répondre Gaspard de sa plus grosse voix.

La maîtresse le fixe de son œil luisant et globuleux.

« Je ne t'ai pas encore vu dans notre école, toi. D'où viens-tu ? Et puis tant pis, cela n'a aucune importance. Allez, les petits crasseux, j'en ai marre de citer vos noms. Ceux qui ne sont pas présents ont tort puisque aujourd'hui… et elle marque une pause pour faire monter la tension… Je vais vous parler du plus bel insecte de l'univers, de cette race de recycleurs intelligents, de cette race forte et noble qui s'adapte à merveille et qui ne cesse de se répandre non seulement dans la cuisine mais partout ailleurs. Saviez-vous qu'elle est apparue il y a environ 400 millions d'années ? Allez, mes bestioles, celui ou celle qui sait répondre correctement aura droit à un postillon réchauffé au micro-ondes. Toi, dit-elle en désignant Rose de son antenne gauche, sais-tu de qui je parle ?

— Ben, oui, c'est de nous, les blattes, répond Rose sans aucune hésitation.

— Bien, bien, je crois qu'on va s'entendre quand même, dit mademoiselle Pissenlit en crachant son chewing-gum par terre. Mais que se passe-t-il encore au dernier rang ? »

Une petite blatte lève la patte et demande d'une voix timide :

« Permission d'aller aux toilettes, Mademoiselle ? »

La maîtresse devient rouge comme une pivoine, se lève d'un coup et frappe le bureau de ses six poings.

« Ça alors, non mais quelle éducation ! D'où elle sort, cette petite ? C'est tout de même incroyable ! Des toilettes, ma croûte, quelle idée décadente. Ici, on fait debout sans changer de place. Compris ? crie-t-elle.

— D'accord, Mademoiselle », répond la petite blatte effrayée en s'exécutant sur-le-champ.

chapitre 3

Un rêve étrange

« Bon, finies les bêtises ! Aujourd'hui, je veux que l'un de vous, mes chères blattoptéroïdes, me raconte quelque chose d'intéressant. Ça me changera. Mais attention, pas de cafouillages, hein ! Gaspard ! Oui, c'est ça, Gaspard, amène tes fesses au tableau et raconte-nous ce que tu as rêvé dernièrement, et en détail. Allez, grouille-toi ! »

Gaspard se lève timidement, chausse ses lunettes et va se planter devant le tableau. Mademoiselle Pissenlit le scrute. Elle le regarde de la pointe des pattes jusqu'au bout de ses antennes.

« Bon, pour commencer, c'est quoi ce bidule ridicule que tu as sur le nez ?

— Ben Madame, mais… ce sont mes lunettes, balbutie Gaspard.

— Madame ? MADEMOISELLE !

— Euh, oui Mademoiselle. Je m'excuse, je ne les apporterai plus, dit Gaspard en rangeant ses lunettes en dessous de son aile.

— Alors, ce rêve, ça vient ? »

Mademoiselle s'énerve.

Gaspard se creuse la mémoire. De quoi a-t-il bien pu rêver cette nuit ? De vacances sur les décharges ? De la petite voisine qui le snobe ? D'une transformation en papillon ?

Tout à coup, il lui vient une illumination. Mais oui, bien sûr, c'est ça ! Il se racle la gorge, crache sans délicatesse et se lance.

« Hier matin, je suis allé au lit comme tous les matins. En m'installant confortablement, j'ai entendu maman Madeleine chantonner une petite chanson dans la cuisine. Attendez, je vous la chante :

Ce soir, ce soir la lune a mis les voiles,
Le vent a chassé les étoiles et dans le noir,
Les rues désertes ont le cafard,
Ce soir, la nuit se glisse sous les portes,
Paralysant la ville morte.[1]

— Mais on s'en fiche pas mal, de ta chanson ! intervient mademoiselle Pissenlit qui coupe court aux débuts musicaux de son élève.

— Ah ? Pardonnez-moi, dit Gaspard et il poursuit son histoire. Après s'être occupée de la macération de la vaisselle, maman Madeleine est venue se coucher à mes côtés. Il faisait bien chaud et quelques secondes plus tard elle ronflait doucement. Et puis, soudain, j'ai été pris de panique. Une panique paralysante. Sans raison apparente, je me suis senti en danger, à l'étroit, pris au piège.

— Dis-moi, Gaspard, tu ne serais pas un peu claustrophobe ? demande mademoiselle Pissenlit, qui dissimule mal une curiosité malsaine. Je devrais peut-être le signaler…

1. *Blues pour Jean Martin*, Boris Vian.

— Claustroquoi ? Je n'en sais rien, dit Gaspard, mais en tout cas, peu après, j'ai eu l'impression de tomber dans un trou et de m'envoler juste avant de toucher le fond. C'est à ce moment-là qu'un rêve plutôt curieux s'est emparé de moi.

— Enfin, soupire mademoiselle Pissenlit exaspérée, je n'y croyais plus. »

Gaspard, qui ne se laisse pas décourager, raconte au fur et à mesure tout ce qu'il peut se rappeler de ce rêve étrange.

« Voilà, je me souviens que je montais, que je montais toujours plus haut, et puis que je planais, peut-être même que je volais à très haute altitude. Il faisait très clair et je clignais des yeux. En bas, je voyais des milliers de petites boîtes blanches et rouges. Tout bougeait et paraissait grouiller de vie. Au-dessus de moi, j'apercevais un fond bleuté taché de blanc. J'avais la tête qui tournait et il me semblait que je perdais de l'altitude. J'apercevais des créatures en tout genre : poilues, avec des plumes ou des fourrures, marchant à deux ou à quatre pattes en poussant des cris aussi variés qu'étranges : un vrai cirque. Je suppose qu'au bout du compte, c'est la peur qui m'a réveillé. En tout cas, c'est là que mon rêve s'est arrêté. Ce qui est plutôt bizarre, c'est que, depuis hier, je me sens partout à l'étroit et je me pose des tas de questions », termine Gaspard.

— Quel genre de questions, mon petit pouilleux ? Peut-on savoir ? »

Mademoiselle Pissenlit se penche avec une souplesse insoupçonnée au-dessus de son bureau et souffle son haleine nauséabonde dans la direction du petit Gaspard.

« Oui, si vous voulez. Ce matin encore, je me demandais si le monde s'arrête vraiment à Malmaison ? Si Malmaison n'est pas un monde parmi des milliers d'autres. Peut-être qu'il existe d'autres systèmes de tuyauteries ? Qu'on n'est pas seuls dans l'univers, quoi.

— Nom d'un crottoir ! soupire mademoiselle Pissenlit, un scientifique, un intellectuel, il ne manquait plus que ça ! »

chapitre 4

Derrière le papier peint

Tout à coup, un grincement agaçant réveille tous ceux qui, inspirés par le rêve de Gaspard, s'étaient assoupis.

« Ça y est ! »

Soulagée, mademoiselle Pissenlit s'écrie :

« Toutes les petites ordures au réfectoire ! Et n'oubliez pas de coller votre crotte de nez et votre chewing-gum en dessous de vos bancs. Pensez au casse-croûte cet après-midi ! »

Gaspard se fraye un chemin en passant tantôt au-dessus, tantôt en dessous, de ses compagnons. À la sortie, il sent deux petites pattes le retenir.

« Gaspard ! Par ici, suis-moi », lui crie la petite Rose.

Elle est vraiment sympa, se dit Gaspard en suivant son odeur, disons, un peu particulière. Un mélange raffiné de moisi, d'ammoniac et de vapeurs acides et poivrées vient chatouiller ses narines et lui fait perdre un peu la tête. Hop là ! Voilà que la demoiselle disparaît dans une petite crevasse juste en dessous d'une carte de Malmaison.

« Rose, hé, Rose, attends-moi ! »

Gaspard se précipite et se glisse à son tour dans l'ouverture où règne une noirceur réconfortante.

Rose l'attend assise sur un morceau de plâtre.

« Écoute, dit-elle à voix basse, ce n'est pas pour cafarder, mais la bouffe au réfectoire est vraiment infecte, alors je me disais que si tu as ton quatre-heures sur toi, on pourrait s'organiser un petit pique-nique loin des autres. Et puis moi, j'aimais bien ton rêve et je me disais que toi et moi, rien que nous deux, on pourrait s'en raconter, des histoires… »

« Ce n'est pas croyable, pense Gaspard, ce qu'elle fait de longues phrases, cette fille… Une vraie pipelette ! »

Le jeune cafard lève une aile et sort de sa poche intérieure un petit sachet puant. Tous deux se penchent au-dessus de deux boulettes noires.

« Non ! s'exclame Rose avec une joie non dissimulée, ce n'est pas vrai… Des crottes de souris ! Moi, je ne sais pas pour toi, mais de tous les desserts, ce sont les excréments que je préfère. »

En un clin d'œil, tout est dévoré.

Se léchant les pattes, Rose regarde Gaspard d'un air inquisiteur.

« Dis donc, Gaspard, parle-moi encore de tes rêves et des questions que tu te poses, de ta maison, de tes vacances, de ton bouquin préféré, de ta maman, de ton papa. Tu sais, moi… »

Rose, qui s'emporte de plus en plus, s'arrête tout à coup. Gaspard s'est mis tout doucement à pleurnicher.

« Mon papa, le papa Blatte, dit-il en s'essuyant le nez avec un morceau de papier peint, il est mort, tu sais, et il n'y a pas si longtemps. Alors tu vois, je n'ai pas trop envie d'en parler. En plus, je ne me rappelle déjà plus grand-chose de lui, à part peut-être les histoires qu'il racontait. Tu vois, les jours où le papa Blatte ne se rendait pas au ministère de la Crasse, il sortait sa pipe et se mettait à raconter. Justement, le soir de son accident, il m'a pris sur ses genoux et m'a tenu un propos étrange qui a dû inspirer le rêve que je viens de raconter. Tu veux… tu veux entendre ? »

La petite Rose est devenue toute silencieuse, ce qui est exceptionnel dans sa vie. Elle le regarde avec des yeux tout ronds et les antennes un peu défaites, et murmure un petit « oui ».

« Tu vois, commence-t-il, cette histoire remonte à mon grand-père, le vieux papi Blatte, que le chat roux a malheureusement dégusté en hors-d'œuvre. Cette fable, parce que je crois bien qu'il s'agit ici d'une fable, dit Gaspard en mettant ses lunettes pour se donner un peu de contenance, commence de manière un peu bizarre... Imagine-toi que Malmaison est une espèce de gigantesque boîte en carton. Tu me suis ? »

Rose ferme les yeux et hoche la tête.

« Allons une étape plus loin. Imagine-toi, maintenant, que notre bonne vieille planète Malmaison n'est qu'une boîte parmi des milliers d'autres et que les habitants de chacune de ces boîtes sont convaincus qu'ils sont les seuls êtres vivants dans l'univers. Ça va, jusqu'ici ? »

Rose semble toujours suivre l'histoire. Cependant, elle ouvre un œil et balbutie :

« Mais cela voudrait dire que ce que tu as rêvé est peut-être la réalité, et que ce qu'on vit n'est qu'un rêve. Mon Dieu, c'est plutôt effrayant et excitant, tout ça. Malmaison ne serait alors qu'un petit monde entouré de mondes plus vastes, peuplés de toutes sortes de monstres gigantesques ? »

Rose frissonne et se rapproche de Gaspard.

chapitre 5

L'expédition vers le haut

Dans le lointain, un grincement métallique indique la fin de la pause. Rose et Gaspard ne bougent cependant pas d'une antenne.

Dix minutes passent ainsi, lourdes de silence, que Rose brise en susurrant :

« Gaspard ! Et si on n'y retournait pas ? Et si on se lançait à la recherche de ces autres mondes ? De toute façon, mademoiselle Pissenlit, moi, je m'en fiche, elle est bête comme un pou de tête. Et puis on n'est quand même pas des puces ! Toi et moi, on fait une sacrée équipe et puis, moi, je ne suis pas peureuse pour un sou, et encore, je te dis, mener une vie de tuyaux, boulot, dodo, ce n'est pas mon truc… »

Gaspard interrompt ce flot de paroles incontrôlées en lui collant un gros bisou sur son front luisant.

« Je te trouve vraiment craquante, dit-il en rougissant. On s'embrasse encore, mais comme des amoureux ? »

Rose n'a pas l'habitude de répondre à des questions idiotes et l'embrasse sur la bouche.

Et c'est ainsi que, les pattes entremêlées, Rose et Gaspard s'enfoncent plus loin dans la fissure et commencent ce qui sera la plus grande aventure de leur vie.

« Qu'en penses-tu ? demande Gaspard, on monte ou on descend ? »

Rose pointe sans hésitation une antenne vers le haut et s'apprête à expliquer son choix. Mais Gaspard n'est pas très à l'écoute de sa charmante compagne. L'idée de pouvoir enfin quitter Malmaison le rend nerveux.

Sans attendre, il escalade le mur le plus proche. Avec des centaines de fissures et de crevasses en tout genre, la paroi ressemble étrangement à une gigantesque carte routière.

Tout en entraînant son amoureuse, Gaspard s'exclame :

« Suis-moi, je reconnais cette fissure ! »

Porté par ses douze pattes, le couple progresse à vive allure.

Ils grimpent pendant des heures, laissant derrière eux l'école, les fissures familiales et le monde civilisé. Ils ne rencontrent plus de cafards et il leur semble que les murs et les pièces qu'ils traversent sont déserts, inhabités, abandonnés. Pas un bruit, pas une odeur, que des fissures, des crevasses et du plâtre. Les deux petits voyageurs se parlent à peine. De plus en plus, ils se rendent compte du sérieux de leur entreprise.

chapitre 6

Le bal des papillons de nuit

« Pssst, hé, Rose, viens ! Tu vois là-bas cette étrange lueur orange ? Du doigt, Gaspard lui montre une grande ouverture dans le plafond. Écoute, tu n'entends rien ? »

Rose tend les antennes. Il lui semble sentir des vibrations étranges.

Gaspard n'hésite pas :

« Allons jeter un coup d'œil, et surtout reste bien derrière moi ! »

Doucement, ils s'approchent. Un brouhaha, d'abord à peine audible, est entrecoupé d'une musique lancinante.

Étonnés, ils s'arrêtent et écoutent :

Comme une étoile amarante,
Comme un papillon de nuit,
C'est la lumière qui m'attire,
La flamme qui m'éblouit
Où ça commence,
Où ça finit,
Où la vie me conduit,
Quelle importance
J'ai le cœur immense
Et le monde est petit,
Ce qui compte,
C'est d'avoir envie.[1]

« Quelle belle chanson ! Approchons-nous », propose Rose, enivrée par la mélodie. Aveuglés par la lueur orange, les deux aventuriers ne cessent de cligner des yeux.

Peu à peu, ils distinguent une vingtaine de papillons de nuit qui virevoltent en tous sens. C'est un spectacle magnifique ! Leurs ailes colorées se marient à merveille avec le papier peint fleuri qui orne les hauts murs.

1. *Papillon de nuit*, France Gall.

Plusieurs chandeliers éclairent la salle de bal. Au centre, une boule couverte de petits miroirs projette de joyeux reflets de lumière et de couleurs. Des couples de papillons dansent, les antennes tendrement entrelacées. Sur un podium au fond de la salle, une papillonne chantonne sur un rythme envoûtant. Doucement, le bel insecte balance son corps filiforme sur les dernières notes de la chanson. L'assistance retient son souffle. Le silence devient palpable. Puis, telle une explosion, les applaudissements enthousiastes du public retentissent. La chanteuse arrange sa fourrure blanche et quitte la scène en regardant distraitement autour d'elle. En apercevant les deux cafards à l'entrée de la salle, elle écarquille les yeux.

« Bonsoir et bienvenue ! »

La chanteuse se dégage d'un petit groupe d'admirateurs et s'avance d'un pas majestueux vers Rose et Gaspard.

« Mes amours, s'exclame-t-elle de sa jolie voix, je suis vraiment ravie que vous soyez là ! Ah, pardonnez-moi, ajoute-t-elle en les embrassant sur les joues, moi, c'est Cri-Cri. J'organise cette petite fête pour mes amis. Il est vrai que, ce soir, il n'y a que des papillons de nuit. Mais cela ne vous dérangera pas, j'espère. Nous, en tout cas, on adore se mélanger, faire des rencontres. Vous allez voir, vous vous sentirez bien, ici. Vous buvez ?

— Euh, oui, une fois par semaine, murmure Gaspard, qui semble complètement sous l'emprise de tant de charme et de gentillesse.

— Minute, papillons, attendez-moi là, surtout ne bougez pas, j'arrive tout de suite. »

Cri-cri tournoie deux fois autour d'une bougie et vole vers le bar.

Bien avant que Rose et Gaspard ne se remettent de leur surprise, elle leur présente deux énormes cocktails ornés de petits parasols et de pailles.

« Vous allez aimer, c'est fait maison et je l'ai baptisé "Coup de foudre", explique Cri-Cri. Il paraît que c'est un élixir d'amour... Mais vous n'en avez visiblement pas besoin, ajoute-t-elle en faisant un petit clin d'œil à Gaspard. Évidemment, c'est cent pour cent bio. Je l'ai concocté avec le nectar des dernières fleurs d'été en y ajoutant un soupçon de cannelle. Le tout est servi, saupoudré de sucre de canne, dans un verre fin avec de la glace pilée. Mais je dois vous ennuyer avec mes salades…

— Mais pas du tout, dit Gaspard, c'est fichtrement intéressant !

— Alors, reprend la papillonne tout sourire, dites-moi, vous voyagez ? »

Elle s'adresse maintenant à Rose, qui la regarde les yeux débordants d'admiration.

« Eh oui, c'est qu'on est de passage, vous voyez, on va en altitude. »

L'éloquence de Rose, qui sirote frénétiquement sa boisson, semble avoir tout à fait disparu.

« Si je comprends bien, dit Cri-Cri en clignant de ses grands yeux verts entourés de cils soyeux, c'est une AVENTURE que vous vivez ! Ah ! Les aventures, vous savez, il n'y a que ça ! dit-elle en souriant et en soupirant en même temps. Malheureusement, je n'ai que rarement le temps d'en vivre, voyez-vous. Les papillons de nuit ont la vie plutôt courte : quelques jours, quelques semaines parfois, et c'est tout. »

Pendant ses explications, les antennes plumeuses de Cri-Cri semblent effectuer une petite danse sur sa tête.

« Alors, vous comprenez que je préfère passer mon bref séjour à Malmaison entourée de gens que j'aime, ajoute-t-elle en rigolant. Et puis, les fêtes, ma carrière, le chant, le cinéma, tout cela prend du temps. Allez, venez sur la piste de danse ! Emportez votre verre ! J'adore ce morceau ! »

« Danser avec dix-huit genoux, ça promet d'être drôle, ronchonne Gaspard à Rose qui pouffe de rire. Enfin, tant pis, on est lancés, il faut assurer. »

Les jeunes cafards font quelques tours de piste puis se dirigent discrètement vers le coin de la pièce, là où le papier peint est un peu décollé. Et hop, en trois secondes, ils ont parcouru les champs de fleurs en papier et se sont glissés en dessous.

« Oh ! Gaspard, je m'amusais si bien, pourquoi quitte-t-on déjà le bal ? Je l'aimais bien, moi, Cri-Cri, et en plus j'ai la tête qui tourne. Le Coup de foudre, sans doute. Oh non ! Voilà que j'ai le hoquet et je déteste ça. Attention, je retiens ma respiration. Tu comptes les minutes ? Tu sais, Gaspard, je peux tenir quarante minutes sans respirer et…

— Écoute, ma petite Rose, lui dit Gaspard en lui prenant gentiment la patte. Tu as déjà oublié notre plan ? Les fêtes, c'est très bien, mais nous avons une mission.

— Tu as raison, soupire Rose, mais je suis un peu fatiguée. Comme toi, j'ai besoin de dormir les trois quarts du temps. Alors, je propose qu'on se trouve un endroit sympa pour passer quelques bonnes heures de sommeil réparateur. Regarde justement, là, dans ce pli de papier peint, ça a l'air bien douillet, on ne peut rêver mieux… »

Installés bien au chaud et bercés par les bruits lointains de la fête, les deux jeunes amoureux s'enlacent.

« Tu sais que t'es jolie avec tes antennes défaites ? murmure Gaspard, et il ajoute timidement, j'aime bien ton parfum. »

Rose le sert très fort de toutes ses pattes, lui fait un gros câlin et soupire :

« Moi aussi, je t'aime, mon petit Gaga… »

chapitre 7

Drôle de blatte !

Krrr... wizz... krrr... zzz... iiiii... Ssss... wizzz...

« Tu as entendu, Gaspard ? Hé ! Gaspard ! »

Rose secoue son camarade sans délicatesse.

« Ça vient de l'autre côté du mur. On y va ? Moi, en tout cas, j'ai assez dormi. »

Gaspard s'étire, bâille ostensiblement et enjambe les morceaux de plâtre qui lui coupent la vue. Derrière le tas, il découvre une bouche d'aération. Sans plus se concerter, les deux aventuriers se glissent dans le conduit.

Ils passent à toute allure à travers le mur et s'arrêtent derrière une grille qui ouvre sur une grande pièce. Au milieu se trouve une boîte noire, plutôt mystérieuse.

« Bon, on se rapproche, mais avec prudence. Tu connais le danger qu'on court en quittant les fissures et les crevasses pour les grands espaces ? Miauw, miauw, miaule Gaspard en faisant semblant de sortir des griffes.

— Oui, bon, ça va, j'ai compris. Il ne faut pas me faire un dessin ».

Rose frissonne en pensant au dangereux félin qui règne sur Malmaison. Rares sont les cafards qui l'ont vu de leurs propres yeux et y ont survécu.

« Allez, hop, on se lance ! »

Rose et Gaspard piquent un sprint vers la boîte noire d'où sort toujours ce bruit étrange.

« Passons par ce trou ! » crie Gaspard qui, très galamment, laisse passer Rose la première à l'intérieur du cube étrange.

Il y fait très noir et très chaud.

Des câbles et des fils pendent de partout. On se croirait dans la jungle.

« Super ! C'est la classe ! Ça me rappelle la maison de mon oncle, qui habitait le frigo au troisième. »

Rose est toute excitée. Gaspard, plus prudent, mâche un fil électrique en écoutant le bruit qui semble venir du fond de la boîte.

« Hé, là-bas, vous deux, vous n'avez pas lu la pancarte ? C'est une propriété privée, ici, je n'ai pas besoin de visiteurs ! Allez, quittez mes terres, passez votre chemin ! »

Un vieux cafard d'une taille impressionnante s'avance vers eux, tenant dans une de ses pattes ce qui ressemble à un cure-dent.

Rose se retourne et lui sourit, plutôt courageusement, en disant très poliment :

« Bonjour, monsieur, je m'appelle Rose et voici mon ami Gaspard. Nous sommes explorateurs. Vous habitez tout seul ici ? C'est magnifique et j'imagine que c'est bien calme, loin du pullulement du centre.

Je vous félicite, c'est vraiment le plus bel endroit que nous ayons visité jusqu'à présent… »

Le cafard géant s'est arrêté net. Il semble hypnotisé par Rose, qui continue à énumérer de sa petite voix mélodieuse tous les avantages possibles et imaginables de sa demeure.

Et comme tout le monde a l'habitude de faire, lui aussi interrompt Rose sans cérémonie.

« Moi, c'est Jacky, venez que je vous montre ! »

Sans un mot de plus, il les emmène tout au fond de la boîte. Il prend des airs de guide et explique :

« Cette construction, voyez-vous, a été réalisée en 1977 par Électrovision.

— Euh, oui, monsieur, dit Gaspard. C'est fort intéressant, mais c'est quoi au juste ?

— Quoi ? Vous n'avez jamais vu un poste de télévision ? Ha ! Ha ! Ha ! »

Tout ça a l'air de bien faire rire monsieur Jacky, qui semble vraiment étonné.

« Vous avez quel âge ?

— Deux mois, répond Gaspard.

— Ah oui, je comprends. »

La grosse blatte s'assied et prend ses aises.

« Vous n'étiez donc pas nés quand on partageait Malmaison avec les hommes ! Ah, c'était la belle époque. Il y avait toujours à manger et la colonie était bien plus grande qu'aujourd'hui. À cette époque, on vivait à dix ici, et on vivait bien, ça je peux vous le dire ! Enfin, tout ça, c'est du passé. Mais où est-ce que j'en étais avec mes explications ? Ah oui, la télévision. Voyez-vous, c'est l'objet que les humains regardent le soir. L'écran s'illumine, des images se forment, des bruits s'échappent et l'intérieur chauffe.

— Et ce bruit étrange ? demande Gaspard intrigué.

— Ah ça, ce sont des faux contacts, les sortes de rots des postes de télé en panne, j'y suis habitué. Vous voyez, mes amis et moi, on avait l'habitude de dévorer petit à petit les parties les plus alléchantes de notre poste. Puis, un jour, il n'a plus fait qu'un drôle de son et plus d'image du tout. C'est à peu près à cette époque qu'on a constaté que les hommes étaient en voie d'extinction. Peu après, ils ont tout simplement fini par disparaître. Je vous offre quelque chose ? Un petit câble à grignoter ?

— Oh merci ! monsieur Jacky, c'est très gentil, dit Rose en souriant. Mais, vous voyez, nous avons une mission secrète de la plus haute importance. Alors, je crois qu'il vaut mieux partir sans tarder. »

Sur ces belles paroles, Gaspard et Rose se lèvent, serrent les pattes du vieillard et sortent par le trou.

chapitre 8

Le grenier et son curieux locataire

« Drôle de personnage, dit Gaspard, tu ne trouves pas ? »

Rose hausse les épaules :

« Oh, tu sais, c'est une autre génération, c'est tout. Bon, on fait quoi maintenant ?

— Ben, on monte, comme d'habitude. T'as vu ces fils qui pendent au plafond ? On pourrait y grimper pour passer au-dessus.

— Bonne idée, dit Rose, parce que moi, honnêtement, les tuyaux, les fissures, le plâtre, je commence à en avoir marre. Tu sais, il y a des moments où je me demande vraiment si ça ne continue pas ainsi à l'infini : des murs, des chambres, des plafonds, et si, finalement, toute cette idée d'autres mondes n'est pas un peu…

— Bon, on y va ? »

Gaspard la coupe net et grimpe sur une des cordes. Rose le suit docilement.

« T'as pas l'impression que ces fils bougent ? » demande Gaspard quand ils arrivent à quelques centimètres du plafond.

Rose est tellement essoufflée qu'elle ne répond même pas.

« Ne restons pas là, passons à travers ces lézardes dans le plafond, je crois qu'on approche du but », crie le jeune cafard à sa compagne.

Quelques minutes plus tard, ils surgissent dans un grenier. Le toit est troué et une lumière jaunâtre projette des formes curieuses sur le sol.

« Hé, Gaspard, t'as vu ! crie Rose en clignant des yeux. Là-haut dans les trous il y a un fond bleu, comme dans ton rêve. »

Elle fait une petite danse en criant de plus en plus fort :

« On a trouvé, on a trouvé !

— Hum, Hum, il y a des gens qui essayent de dormir, ici ! »

Une grosse voix un peu enrouée semble venir d'une poutre qui coupe la pièce de part en part.

« Oui, vous, les microbes, je vous adresse la parole ! Vous pourriez me répondre ! » continue la voix dans les ténèbres.

Effrayée, Rose tente de se cacher sous l'aile de Gaspard qui, aveuglé par les rayons de soleil, n'arrive pas à localiser la voix.

« Allez, venez, n'ayez pas peur, montez me voir, de toute façon vous m'avez réveillé pour de bon », grommelle la voix.

Quelque chose bouge au milieu de la poutre. Une forme noire, d'abord petite, devient grande, puis petite et à nouveau grande.

Rose et Gaspard pensent qu'il vaut mieux obéir à cette voix mystérieuse et grimpent sur la poutre.

« Ah vous voilà ! Vous êtes quoi, vous, comme bêtes ? » dit la forme.

Rose saisit l'occasion, elle a été silencieuse bien trop longtemps.

« Nous sommes des cafards, mais on nous appelle aussi cancrelats ou coquerelles, et nous vivons dans les bas-fonds de Malmaison, c'est-à-dire, dans les cuisines, les salles de bains et les caves. En fait, mon ami et moi, nous sommes des explorateurs à la recherche d'autres mondes, et comme on voyait du bleu, comme dans le rêve…

— Ho ! Ho ! Ho ! Pas si vite, ne vous emballez pas. Je n'ai même pas eu le temps de me présenter : moi, c'est Manu, et pour votre information, je dors le jour et je vis la nuit. Je suis une chauve-souris. »

Le couple de jeunes cafards se trouve maintenant à la hauteur de l'animal étrange.

« Mais, dit Rose étonnée, pourquoi êtes-vous à l'envers ? »

En effet, la chauve-souris est suspendue la tête en bas, les griffes plantées dans la poutre.

« Ma chère petite, c'est ainsi que dorment les chauves-souris. Mais bon, je comprends que cette position ne favorise pas le dialogue. »

La créature se balance d'abord doucement, puis de plus en plus fort, comme sur une balançoire. Elle fait le tour de son perchoir :

« Hop ! Me voilà ! »

Rose se retourne et chuchote :

« Tu ne trouves pas qu'elle a l'air bizarre, cette chauve-souris. Je ne sais pas, c'est sa tête, quelque chose ne colle pas…

— Chut, Rose, lui souffle son compagnon, soyons polis, il vaut mieux, car ces bêtes-là sont insectivores, si tu vois ce que je veux dire. »

Ils cachent mal leur frayeur.

« Ne vous inquiétez pas au sujet de mon régime : je ne mange jamais la journée, cela ne me réussit pas, j'ai les intestins délicats. Alors, ne faites pas de manières, relaxez-vous et expliquez-moi un peu ce que vous faites dans les hauteurs. C'est bien la première fois que je reçois des cafards dans mon grenier. »

Rose s'apprête à parler, mais elle est interrompue par Gaspard qui résume en deux phrases le but de leur voyage.

chapitre 9

Les autres mondes

« **Ah, c'est donc cela,** je vois, dit la chauve-souris. Étrange, je ne peux pas m'imaginer comment on peut vivre enfermé comme ça, sans le ciel immense, les étoiles, la lune, les animaux nocturnes, et j'en passe. Tout cela est bien triste. Attendez, je me change et je vous emmène faire un tour. »

« Tututut, répond-elle, quand Rose et Gaspard lui disent qu'ils ne veulent surtout pas la déranger. C'est la moindre des choses. Saviez-vous que les chauves-souris sont les seuls mammifères volants ? »

Il bombe le torse, rentre son ventre et ajoute avec fierté :

« Rien à voir avec les vols planés, nous sommes de véritables pilotes. »

Derrière lui, toutes sortes de chapeaux sont suspendus à des crochets. Il choisit un panama blanc et l'attache soigneusement avec un élastique derrière les oreilles.

Rose se retourne encore vers Gaspard :

« Tu ne trouves pas qu'il a vraiment de la classe ? Pourtant, il y a quelque chose qui cloche. Tu vois ce que je veux dire ? Il y a comme…

— Arrêtez vos messes basses, les cafards, de toute façon, j'entends tout ce que vous dites et si c'est ma perruque qui vous embête, je peux l'enlever. Il n'y a pas de problèmes, ajoute Manu d'un air vexé.

— Non, euh, non, non ! dit Rose. Surtout pas, elle vous va si bien, c'est très naturel, vous avez beaucoup de style. D'ailleurs, la preuve, je ne l'avais pas du tout remarquée, et puis…

— Bon, bon, ça va, arrêtez les frais, vous êtes prêts ? Allez-y, installez-vous sur mes ailes et bouclez vos ceintures, ça va déménager. »

Avec Rose sur l'aile gauche et Gaspard sur la droite, Manu prend son envol et passe habilement et à toute vitesse par une des ouvertures du toit.

Aveuglés par la lumière intense, les antennes rabattues par le vent, glacés par la sensation du vide en dessous d'eux, Rose et Gaspard n'osent pas ouvrir les yeux.

« WAOUH ! C'est géant ! crie Gaspard une fois habitué à toutes ces sensations nouvelles. Je vole vraiment ! Hé, regarde en bas, c'est exactement comme dans mon rêve, ça grouille ! Regarde ces créatures étranges ! Rose, tu as vu ? »

De l'aile gauche ne vient aucune réponse.

« Rose, Rose, réponds-moi ! »

Gaspard est pris de panique et tire brutalement sur le chapeau du pilote.

« Monsieur Manu ! C'est Rose, je ne la

vois plus, je crois bien qu'elle n'est plus sur votre aile. »

La chauve-souris ne prend pas le temps de répondre, mais se lance à toute vitesse vers le bas.

« Là-bas ! crie le jeune cafard, en indiquant une petite boule noire en chute libre juste en dessous d'eux. Je crois bien que c'est elle ! »

Manu tourne autour de Rose, qui semble évanouie, glisse sous la petite coquerelle et la rattrape habilement sur son aile droite. Gaspard la prend dans ses bras et la secoue doucement.

« Ma petite Rose, ça va ? »

Il la couvre de baisers et ne se rend pas compte que Rose le regarde en souriant. Gaspard voit maintenant qu'elle transporte sur son ventre une capsule remplie d'œufs.

« Mais oui, grosse bête ! dit Rose. Bien sûr que ça va, j'ai eu une petite chute de tension, suivie d'une vraie chute. Dans mon état, c'est normal. Mais je me sens déjà beaucoup mieux. »

Et, comme pour le prouver, un flot de mots sort de sa bouche.

« Tu ne trouves pas ça sensationnel ? Tu te rends compte de tout ce qu'on a raté jusqu'à présent ? Moi, honnêtement, je n'ai pas trop envie de retourner dans les bas-fonds de Malmaison. Regarde comme c'est minuscule, vu d'en haut. Ce n'est vraiment qu'un tout petit monde parmi des milliers d'autres. Et si on continuait notre voyage ? Il y a tellement de choses à découvrir ici, on trouvera bien un moyen de contacter notre famille. Et puis, tu imagines, nos enfants pourront regarder plus loin que le bout de leurs antennes…

— Nos enfants ? Quels enfants ? »

Gaspard ne semble pas encore vraiment comprendre qu'il sera bientôt le papa de quelques dizaines de petites blattes.

Ayant retrouvé son calme, le futur père se dresse sur l'aile de la chauve-souris et clame dignement :

« Ma petite Rose, il ne faut pas essayer de me convaincre, je suis d'accord. Pour la première fois de ma vie, je suis un cafard qui n'a pas le cafard.

« Monsieur Manu, poursuit-il, conscient de l'importance de ce moment décisif, auriez-vous la gentillesse de nous déposer là-haut ? »

De son antenne, Gaspard désigne une montagne de détritus dans le lointain. Aussitôt, la chauve-souris prend la voix d'un pilote d'avion et annonce :

« Communication aux passagers de première classe du vol Manu Airlines : nous allons atterrir dans quelques minutes. La température est de trente degrés, le vent est modéré. Bouclez vos ceintures ! »

Le pilote se retourne en ricanant :

« Félicitations, Gaspard. Vous avez fait le bon choix... La décharge, c'est pas vraiment mon truc, mais pour vous, c'est évidemment une destination cinq étoiles ! Je dirais même que vous avez trouvé le paradis sur terre.

— Merci pour tout ! lui répond Gaspard en aidant Rose à descendre du dos poilu de la chauve-souris.

— Jamais on ne vous oubliera », ajoute Rose, la larme à l'œil.

Le jeune couple renifle avec enthousiasme les riches odeurs de la déchetterie et s'enfonce dans une boîte de conserve.

Collection animée par Jack Chaboud

20, rue Berbier-du-Mets - 75013 Paris
www.magnard.fr

Loi n° 49-956 du 16-07-1949 sur les publications destinées à la jeunesse.

Photogravure : Atelier Fossard
Conception de couverture : Lonsdale

N°ISSN : 1767 - 3046/N°ISBN : 2210981425

Dépôt légal : juin 2005 - N° d'éditeur : 2005/069
Achevé d'imprimer en janvier 2005 par SYL - Barcelone (Espagne)